What is

What is

What is

What is

What is

What is

What is

What is 성경이 뭐예요?
경제를 살린 땅콩박사 조지 카버

재판발행 2015년 03월 12일 | 글쓴이 이지영 | 그린이 김도형 | 펴낸이 이재승 | 펴낸곳 하늘기획
주소 서울특별시 중랑구 상봉136-1 성신빌딩 지하 | 등록번호 제306-2008-17호 (2008)
ISBN 978-89-923-2031-3 03230 | 총판 하늘물류센타
전화 031-947-7777 | 팩스 031-947-9753

성경 말씀대로 땅을 정복하고 다스린 과학자

경제를 살린 땅콩박사
조지 카버

이지영 글 / 김도형 그림

하늘기획

조지 카버 박사를 만나기 전에

여러분은 혹시 이런 고민이나 궁금증이 있지 않나요?

◈ 하나님은 왜 나를 만드셨을까?
◈ 왜 우리 집은 이렇게 안 좋을까?
◈ 집안이 어려워도 과연 성공할 수 있을까?
◈ 성경은 누가 썼고 무슨 내용이 기록되어 있는가?

이런 고민이나 궁금점이 있다면 책을 제대로 고른 거예요.
땅콩박사 조지 카버는 여러분과 똑같은 고민을 했고,
하나님의 뜻을 찾기 위해 성경을 읽고 기도했으며,
하나님이 주신 지혜를 가지고 최선을 다하신 분입니다.
땅콩박사님이 살아 온 이야기를 읽다보면
여러분의 고민거리가 저절로 풀릴 것이라 믿어요.

우리 다함께 하나님이 주시는 해답을 찾아볼까요?

주안에서 이지영

CONTENTS

s What is What What is What is What is What

What is What is What is What is What is What

s What is What is What is What is What is What is What

s What is What is What is What is What is What

s What is What is What is What is What is What

hat is What is What is What is What is What

What is What is What is What is What is What

s What is What is What is What is What is What

죠지 카버와 용만이

성경이 뭐예요?

성경은 누가 쓴 책일까요?

안녕하세요! 어린이 여러분. 오늘은 발명품이 아니라 성경을 가지고 나왔어요.
성경은 제 인생을 이끌어준 하나님의 말씀이랍니다!

저는 궁금한 일이 생기거나 힘든 일이 생길 때면 언제나 성경을 읽었어요.
왜냐구요?
하나님은 성경을 통해 제게 말씀하시고 힘을 주셨기 때문이죠.

하지만 성경은 사람이 쓴 책이잖아요?

어쿠!
제법 똑똑한 친구가 나오셨네?
넌~ 누구니

저는
용만이라고
합니다.
잘
부탁합니다.

그래, 네 말처럼
성경은 하나님이
직접 쓰신 책은
아니야.
성경

그치요!
역시 난 똑똑하다니깐!

그런데 하나는 알고
둘은 모르는구나!

제가
뭘 모른다는
거죠?

성경은 하나님이 직접 하신 말씀을
사람이 받아 적은 거란다.

물론 그런
부분도 있지만
그냥 사람이
쓴 부분도
있잖아요?

이야~!
정말 똑똑하네!

제가
이래뵈도
아이큐가
150이랍니다!!

그래! 그냥 이야기처럼
기록된 부분도
있지.
하지만 그 부분들은
하나님이 선지자들에게
...

감동을 주셔서 기록한 것이지
그냥 사람 생각으로
적은 것은
아니란다.

에이~
그걸 어떻게
믿어요?

증거가 있다면
믿겠니?
그럼요!
어디 증거를
대보시죠.

그 증거는 성경이 가진 통일성이란다.
통일성이요??
성경이 신구약 66권인 것은 알지?
구 약 - 삼 십 - 구 - 권 에 다
신 - 약 - 이 십 - 칠 - 권 으 로
그럼요.
그 성경을 36명의 사람이 1,600년 동안 기록한 것은 아니?
1,600
우~와!
36명이 1,600년이나요?

더구나 이스라엘, 로마, 바벨론, 페르시아
등지에서 기록되었단다.
이스라엘
바벨론
페르시아
로마

그래서 각기 다른 언어와 문화, 환경 등이
실려 있지.

에이~
그렇다면 서로
다른 내용이지
무슨 통일성이
있겠어요?

그렇겠지?
그런데 놀라운 것은
오랜 세월 동안 기록한
이 66권의 주제가
같다는 사실!
통일성

주제가 같다?
그게 무슨 뜻이죠?

성경 66권 모두가 예수님을 중심으로 기록되었다는 뜻이야!

구약
하지만 구약에는 예수님이 안 나오잖아요?

모르시는 말씀! 구약은 예수님이 어느 때에...

어떤 방법으로 어디에 오시는 지,
또 어떻게 살다가 어떻게 죽으시고,
심지어는 어떻게 부활하실 지가
다 예언되어 있어!

정말 그렇게
자세한 내용이 있어요?
그렇단다. 성경을
읽어보면 알게 돼.

그러면 신약은
무슨 내용이지요?

성경
신약은 예수님이 오셔서 구약의 예언대로 그리스도의 일을 이루신 것과 이제 우리가 예수님의 이름을 부를 때 받을 응답을 기록해 놓으셨어.
예수

성경
한마디로 성경은 전부 예수님에 관한 말씀이야.

36명이 전부 예수님에 관한 말씀을 기록했다구요?
그렇다니까!

구약은 예수님에 대해 미리 예언하고, 신약은 그 예언이 이루어졌음을 밝히지.

어디 한번 증명해 보세요?

녀~석!
의심 많기는
꼭 도마 같구나!
잘
들어봐!

창세기를 기록한 모세는 예수님을 여자의 후손이라 기록했고
(창3:15),
모세

이사야는 예수님을 처녀가 잉태하여 낳을 분이라 기록했어(사7:14).
이사야

신약에 와서 마태는 두 사람의 말대로 예수님이 처녀 마리아를 통해 오셨음을 밝혔잖니
(마1:18).
마태

또, 모세는 아담의 죄를 씻기 위해 하나님이 어린양 피제사를 주셨다고 기록했고(창3:21),
가죽옷
모세

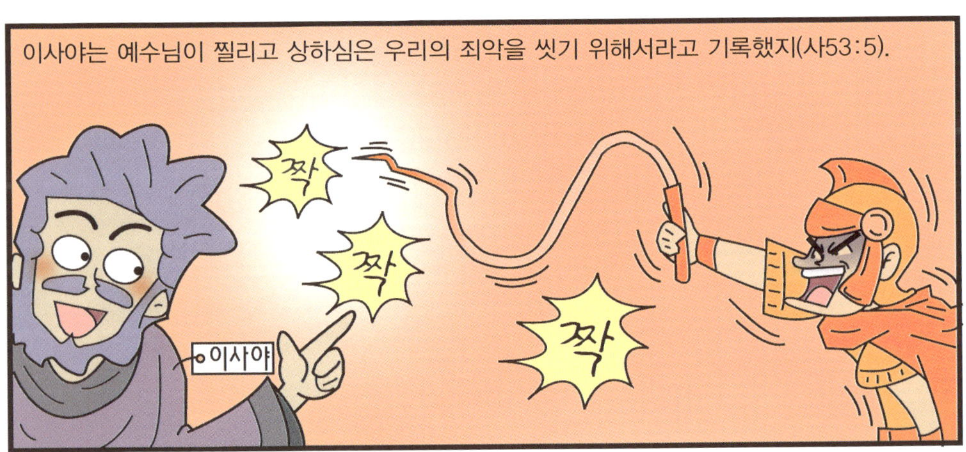
이사야는 예수님이 찔리고 상하심은 우리의 죄악을 씻기 위해서라고 기록했지(사53:5).
짝
짝
짝
이사야

신약에 와서 요한은 예수님의 피 흘리신 십자가로 모든 사람의 죄가 끝났다고 밝혔단다(요19:30).
요한
END

우와~!
어떻게 이렇게
딱 들어맞죠?
이렇게
서로 연결되어
성취된 말씀은
끝도 없어!

그래서
성경의 저자는
사람이 아니라
예수님을
보내기로 계획한
하나님이라는 거야.

오케이~
인정
인정
하하하
녀석!
까불기는...

성경은 어떻게 오늘날까지 전달되었을까요?

그래서 구약 시대에는 동물의 가죽에 기록하여 두루마리 성경을 만들게 하셨고,

신약에 와서는 이집트에서 자라는 파피루스라는 갈대로 만든 종이에 기록하여 책을 만들게 하셨지.

파피루스?
아! 그거 목사님 댁에서 본 거 같아요. 액자에 넣은 이집트 그림 그려져 있는 거.

그래~! 바로 그거야!

그런데요?
좀 바보 같은 질문이지만, 성경이 원래부터 한글은 아니죠?

우헤헤
좋은 질문이라고 말해줄게.

구약은 원래 히브리어로 기록되었고, 신약은 예수님 당시에 널리 쓰인 헬라어로 기록되었지. 물론 중간 중간 아람어로도 기록했어.
구약
히브리어
신약
헬라어

그러다가 중세 로마 시대는 라틴어로 번역되었지, 나중에는 독일어, 영어 등 각 나라말로 번역되었다가...
번역

결국 우리나라 말로도 성경이 나오게 된 거야.
성경

처음
한글 성경을
만든 분은
누구세요?

영국
선교사이신
존 로스
목사님이란다.

서상륜, 백홍준, 이응찬 등을 만나 전도하였고, 이들의 도움으로 한글 성경을 번역하게 되었지.

1879년 요한복음과 누가복음을 처음으로 번역했고,
1879
요한복음
누가복음

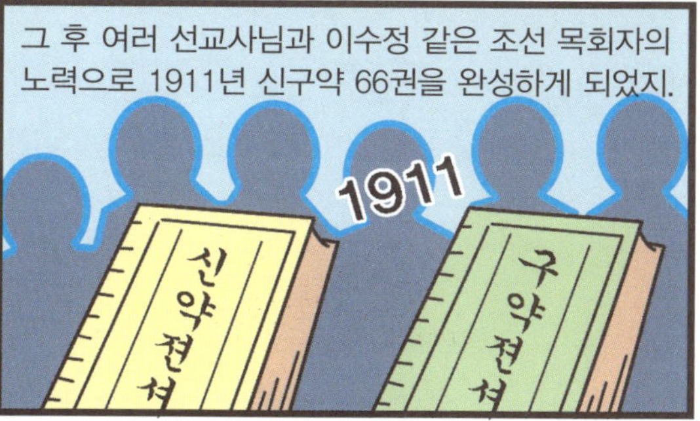
그 후 여러 선교사님과 이수정 같은 조선 목회자의 노력으로 1911년 신구약 66권을 완성하게 되었지.
1911
신약전서
구약전서

우~와!
우리 할아버지는
연세가 90인데,
한글 성경은
이미 100살이
넘었네요.
아이고
형님~
나이 90
성경
그렇구나!
참 감사한
일이지.

성경을 통해서 무엇을 배워야 할까요?

내가 열심히 노력하고 공부한다고 하나님 말씀을 깨닫는 것이 아니라는 말이야.
노력이 소용이 없단 말인가요?

아니지. 성실한 노력은 중요한 것이다. 그러나 성경은 영적인 세계를 담고 있기에…
우리 육신의 노력만으로는 알지 못하는 부분이 많단다.

영적인
세계?

그래…!
하나님 나라와 사단 나라가 이 세상에 존재한단다.

그럼!
혹시… 그 두 나라가 전쟁도 하나요?

그렇단다.
역시 용만이가 날카로운 면이 있구나!
칼 갈어
칼 갈어
슥삭 슥삭

그래서 사단 나라가 우리 마음 생각을 잡으면 성경을 아무리 읽어도 하나님 뜻을 알지 못하고
성경

하나님 나라가 우리 생각 마음에 찾아와야 성경을 주신 하나님 뜻을 알 수 있단다.
성령
성경

결국 하나님이 깨닫게 하셔야 된다는 말이군요.
그렇지! 이제 말이 통하네!!

그래서
우리의 배우고자
하는 노력도
필요하지만
은혜
하나님의 깨닫게 하시는
은혜가 필요하단다.

그러면 그 은혜를 받으려면
어떻게 해야 하지요?

예수님 이름으로 기도하며 성경을 볼 때
하나님은...

성령으로 역사하사 사단의 방해를 꺾으시고
진리의 말씀을 깨닫게 하신단다.
방해
방해
방해

아! 그러면
성경을 읽기 전에
예수 이름으로
기도하며 읽으면
되겠네요.

자! 이제 성경을 통해서
깨달아야 할 부분을
말해주마.
첫째, 성경은
예수님에 대한
말씀이다.

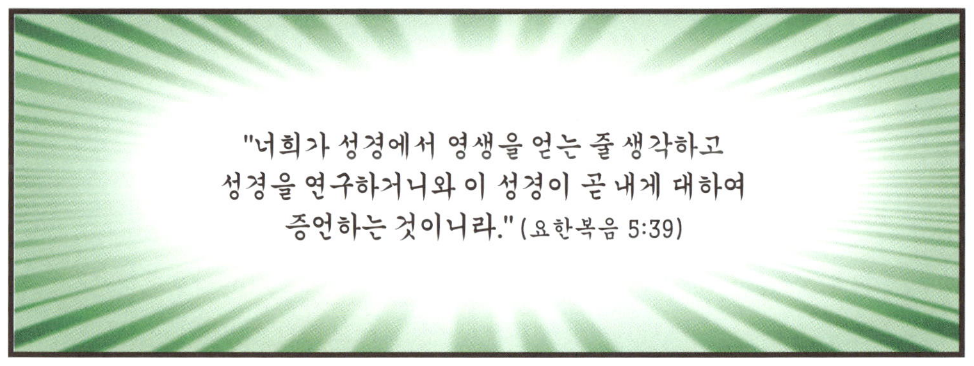
"너희가 성경에서 영생을 얻는 줄 생각하고
성경을 연구하거니와 이 성경이 곧 내게 대하여
증언하는 것이니라." (요한복음 5:39)

그러니 예수님이 누구시며,
무슨 일을 하셨는지를
알아야 하겠지.

네~ 알고 싶어요!
예수님은 무슨 일을
하셨죠?

사람으로 찾아오시고...

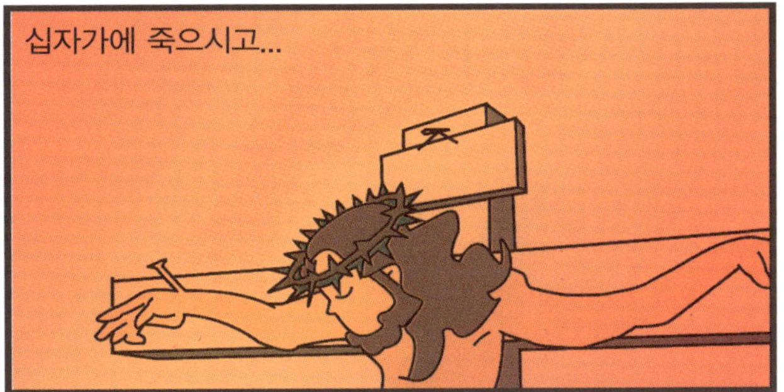
십자가에 죽으시고...

부활하시고...

승천하셨지.

그런데...
왜 그러셨는지
그 이유를 아니?
그건...
저도 아는데요.

앗?
그게... 제 한계예요.
그건 생각 못해봤는데...

그래! 바로 그 이유를
찾기 위해 기도하며
성경을 읽는
거야.

둘째, 성경은
우리 생활에
필요한 모든 것의
해답이다.

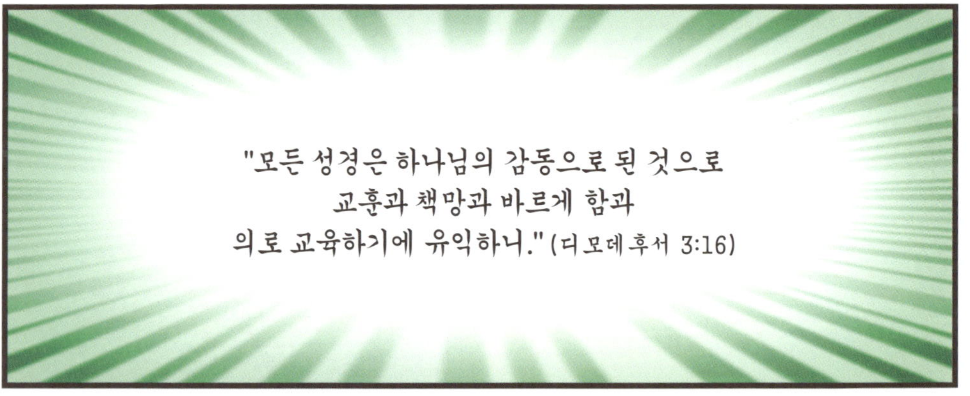
"모든 성경은 하나님의 감동으로 된 것으로
교훈과 책망과 바르게 함과
의로 교육하기에 유익하니." (디모데후서 3:16)

궁금하고 이해 못할 문제에 부닥칠 때마다
하나님을 원망하고 불신앙할 것이 아니라,
원망
문제

기도하며 하나님 말씀에서 교훈과 답을
찾아야 해.
교훈과 답

아! 제가
의심이
많고…
부정적이라서…
사실…
하나님을
많이 원망해요.

그래!
누구나 그렇단다.
그게 바로…

사단 나라가 우리 마음·생각을 잡아서 그런 거야.
사단 나라
마음

아!
그런 거예요?
성경
그래서 하나님이
우리의 모든 문제의
원인과 그 해답을
성경으로 주신 거야!
성

나도 어릴 적부터 얼마나 갈등되고 낙심된 일이 많았는지 몰라.

하지만, 그때마다 하나님은 정확한 답을 주셔서
답
이기게 하셨지.

아하! 저도 앞부분에서 봤어요

정말 성경을 통해
많은 지혜와 답을 얻으셨던데요!

하하하!
녀석 쑥스럽게...
왜 그렇게 봐!
나의 모든 것은
다 하나님이
하신 거란다.
존경

에이~!
저도 알아요.

그 외에도
성경이 주는
유익은 많지만,
오늘은...
여기까지!

딱!
두 가지요?

그래!
이 두 가지만
집중해서 말씀을
읽어도
하나님은
네 인생을
인도하실 거다.

What is

나는 왜 태어났을까?

조지 카버

(George Washington Carver) 1860 - 1943

나는 왜 태어났을까?

♪ 왜 태어났니? 왜 태어났니? ♬

ㅋㅋ 어디서 많이 들어본 노래죠.

생일축하 노래할 때 짓궂은 친구들이 이렇게 부르죠.

어린이 여러분!

혹시 '내가 왜 태어났을까?' 하고 생각해 본 적이 있나요?

조지 카버는 10살 때 '나는 왜 사람으로 태어났을까?'

궁금해하며 답을 찾았다고 하네요.

우리 한 번 조지 카버의 어린 시절로 들어가볼까요?

고아 아닌 고아, 노예 아닌 노예

조지 카버가 태어난 때는 미국이 무척 어려움을 겪던 때였어요. 우리나라가 해방 이후 남과 북으로 갈라졌다가 6.25라는 끔찍한 전쟁을 치른 것처럼 미국의 남과 북이 전쟁을 하던 시기였어요. 특히 노예제도를 지키려는 남부지역과 반대하는 북부지역의 갈등이 무척이나 심했죠.

그런 중에도 조지의 부모님은 모세스 카버라는 착한 백인 주인의 도움으로 노예의 신분에서 자유를 얻어 새 삶을 찾아 떠나게 되었어요. 하지만 남부의 백인들은 자유를 얻은 흑인들을 가만두지 않았어요. 불행하게도 조지의 아버지는 죽임을 당했고, 어머니는 다시 노예로 팔려갔어요. 이를 뒤늦게 알게 된 착한 주인 모세스는 어린 아기였던 조지와 그의 형 짐을 자신의 집으로 데려왔어요. 부모님을 일찍 잃은 조지는 모세스의 사랑을 받고 자랐어요. 모세스는 조지를 친손자처럼 아껴주셨어요. 하지만 주변의 많은 백인은 조지를 흑인이라며 무시하고 노예 취급했어요.

조지의 선생님은 성경과 자연

어릴 적부터 병으로 인하여 몸이 약했던 조지는 형처럼 들판에 나가서 일할 수 없었어요. 대신에 집에서 모세스에게 글자와 산수를 배웠어요. 글자를 깨우치자 아저씨는 조지에게 낡은 성경 한 권을 주셨어요.

"조지야, 글자를 익혔으니 이제 성경을 읽어보렴. 성경에는 좋은 내용이 많이 있단다."

조지에게 성경은 무척 어려웠어요. 하지만 매일 읽다보니 모르던 단어도 이해할 수 있게 되었어요. 조지는 성경 읽는 시간이 너무 즐거웠어요.

왜 그랬을까요? 성경에는 조지가 궁금해 하는 모든 답이 나와 있었기 때문이에요.

어느 날 조지는 모세스의 심부름을 마치고 성경을 읽고 있었어요. 그런데 한 구절이 눈에 들어왔어요.

'태초에 하나님이 천지(天地)를 창조하시니라.' (창 1:1)

몇 번 읽은 구절이었지만, 그날따라 조지에게 새롭게 와 닿았어요.

"하늘과 땅을 전부 하나님이 만드셨다고?"

또한 나무와 꽃, 각종 동물도 하나님이 만드셨음을 알게 되었어요. 그 순간 조지는 뒷산을 향해 달려갔어요. 그리고 하나님이 지으신 자연의 모든 것을 바라보았어요.

그 날부터 조지는 숲속의 나무와 꽃, 동물과 친구가 되었어요. 조지는 새로운 풀이나 벌레를 볼 때면 그냥 넘기지 않고 꼼꼼히 살폈어요. 그러면서 풀과 벌레, 나비와 꽃이 서로 영향을 주고받음을 알게 되었어요. 조지는 풀 한포기, 벌레 한 마리라도 하나님께서 지으신 이유가 있음을 깨닫게 되었어요.

그러다가 궁금한 것이 또 생겼어요.

'해와 달과 별 그리고 동물과 식물도 창조된 이유가 있는데,

하나님이 사람을 만드신 이유는

무엇일까?'

조지는 얼마 지나지 않아 성경에서 답을 찾을 수 있었어요.

'하나님이 자기 형상 곧 하나님의 형상대로 사람을 창조하시되 남자와 여자를 창조하시고'(창 1:27)

조지는 깜짝 놀랐어요.

"그럼! 나도 하나님의 형상이구나! 나에게도 세상을 창조하신 하나님의 능력이 있겠네!"

이어지는 성경 구절을 통해 자신에 대한 답을 얻게 되었어요.

'하나님이 그들에게 복을 주시며 그들에게 이르시되 … 땅을 정복하라 … 모든 생물을 다스리라.'(창 1:28)

"모든 생물을 다스리라고? 이게 바로 나를 지으신 이유구나!

조지는 '다스림'(Rule Over)이라는 단어로 인해 자신이 태어난 이유를 발견했어요. 내가 하나님이 지으신 만물을 다스리는 존재라는 것을 말이지요. 그리고 세상 만물을 다스리려면 공부를 해야 한다는 것을 알게 되었어요. 학교에 가서 공부해야 할 이유를 발견하게 된 거죠.

학교에 가고 싶어요

"아저씨! 학교에 보내주세요. 공부하고 싶어졌어요."

모세스는 마음이 아팠지만, 조지에게 솔직히 말해 주었어요.

"조지야, 흑인을 받아주는 학교는 아직 없단다."

"모두 똑같은 사람인데, 왜 흑인만 안 된다는 거죠?"

"그런 세상이 아저씨는 슬프구나. 그러나 기회가 올 테니 조금만 기다려 보자꾸나."

조지는 도무지 이해할 수 없었어요. 흑인이라는 것 때문에 할 수 없는 일이 너무 많았거든요. 하지만, 모세스의 말처럼 기다리는 수밖에 다른 방법은 없었어요.

그러던 어느 날, 모세스의 심부름으로 먼 도시로 나가게 되었어요. 모세스가 부탁한 물건을 구입하던 조지는 가게 아주머니께 물었어요.

"아주머니! 혹시 이곳에 흑인도 다닐 수 있는 학교가 있나요?"

"왜? 너도 학교에 다니고 싶니?"

조지는 고개를 끄덕 거렸어요.

"좋은 소식이 하나 있단다. 얼마 전 흑인이 다닐 수 있는 학교가 세워졌지 뭐니."

"정말요? 제가 다닐 수 있는 학교가 생겼단 말이죠?"

"저기 판자로 지은 큰 건물이 보이지? 거기가 흑인이 다닐수 있는 학교란다."

"아주머니, 정말 감사합니다."

급하게 인사를 마친 조지는 학교를 향해 달려갔어요. 공부를 하고 있는 흑인 학생들을 보자 조지의 심장은 터질 것 같았어요.

"난 반드시 이 학교에 다닐 거야. 이 땅을 다스리기 위해 필요한 모든 것을 배우고야 말테야!"

"아니, 뭐라고? 네오쇼에 있는 학교에 다니겠다고?"

"네, 아저씨 허락해 주세요."

조지의 결심은 대단했지만, 식구들은 걱정이었어요. 왜냐하면 집에서 학교까지는 13km나 떨어져 있기 때문이었죠. 결국 학교를 다니려면 모세스의 집에서 나와야 했어요.

"그래, 학교를 다니는 것은 좋다. 하지만 어디서 자고 어떻게 먹고 살지는 생각해 보았니?"

"저는 집안 살림도 잘 하고 정원도 잘 가꾸잖아요."

"하하하! 우리 조지가 다 컸구나. 그래, 그 정도 용기면 못할 것도 없겠다. 어차피 너는 노예도 아니고, 자유인이니 앞으로 어떻게 살아갈지도 네가 선택해야지. 가서 열심히 해보렴."

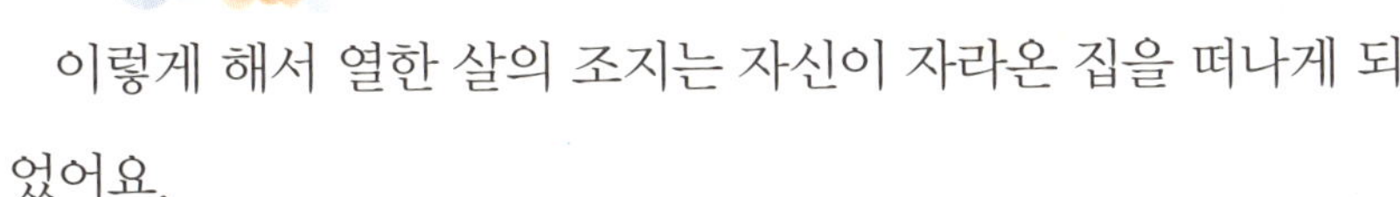

이렇게 해서 열한 살의 조지는 자신이 자라온 집을 떠나게 되었어요.

하루 종일 걸던 조지는 드디어 학교가 있는 마을에 도착했어요. 벌써 서쪽 하늘을 빨갛게 물들이며 해가 지고 있었어요. 아직 갈 곳이 정해지지 않았지만, 조지는 두렵지 않았어요. 왜냐하면 집을 떠나오기 전부터 하나님께 기도했기 때문이에요.

"하나님, 저는 하나님의 형상입니다. 하나님이 지으신 만물을 다스리기 위해 배우러 떠납니다. 제가 가야 할 곳을 하나님이 미리 아시고 준비하셨음을 믿습니다."

어두워진 거리를 걷던 조지는 마을 끝에서 마구간을 발견했어요. 말이 잠자고 있는 옆에 건초 더미가 쌓여 있었어요. 누워 보니 침대처럼 푹신하고 아늑했어요.

"하나님, 감사합니다. 이곳이 하나님이 준비해두신 곳임을 믿습니다. 여호와 이레의 하나님, 앞으로도 저의 길을 인도해주세요."

다음 날 아침, 조지는 사람 목소리에 놀라 눈을 떴어요.

흑인 부부가 조지 앞에 서 있었어요.

"왜 여기서 잠을 잤니?"

조지는 허락 없이 들어와 잔 것을 사과하며 이곳에 온 이유와 사정을 말씀드렸어요.

"그럼 우리 집안일을 도우면서 함께 지내는 것은 어떻겠니?"

"정말요? 그런데 학교에 다니면서 도와도 될까요?"

"원한다면 그렇게 하렴."

일이면 일, 공부면 공부

학교에 들어간 조지는 열심히 공부했어요. 물론 부모님도, 가진 것도 없기에 항상 일을 하며 돈을 벌어야 했어요. 착한 흑인 아주머니 왓킨스 부인은 조지에게 세탁일을 가르쳐 주셨어요. 그녀는 무척 부지런했고, 어떤 세탁물이든 깔끔하게 처리했어요. 그래서 세탁소는 언제나 세탁물로 가득했어요.

조지의 실력도 날이 갈수록 늘었어요. 바느질이든 다림질이든 몇 번만 가르쳐 주면 칭찬 받을 정도로 잘했어요. 일을 마치고 나면 학교에서 내일 배울 내용을 예습했고, 몇 달 후에 배울 내용까지 미리 준비할 만큼 열심히 공부했어요. 때때로 피곤하고 힘들었지만, 새로운 것을 배우는 즐거움이 더 컸어요.

돈을 벌면서 학교를 다니다보니 고등학교를 마치는데 10년이 걸렸고, 대학에 들어가기까지는 또 10년이 걸렸어요. 그 사이에 그는 여러 가지 일들을 배우고 익혔어요. 정원사, 세탁일, 요리사, 농부, 타자를 치는 속기사 등 그는 새로운 일을 할 때마다 하나님께 지혜를 구하며 성실하게 일했어요.

많은 사람이 조지의 하는 일을 보고 감탄하며 칭찬을 아끼지 않았어요.

대학에서 꿈을 이루다

조지가 처음으로 들어간 대학교는 심슨예술대학이었어요. 왜냐하면 흑인이 들어갈 수 있는 대학이 그곳밖에 없었기 때문이에요.

그곳에서 조지는 미술을 전공하게 되었어요. 자연을 벗 삼아 숲에서 지내던 조지는 평소에도 그림 그리기를 좋아했거든요.

하지만 조지가 정말 좋아했던 것은 식물학이었어요. 조지는 그림을 그리면서도 학교의 정원을 늘 아름답게 가꾸었어요.

어느 날 조지를 묵묵히 지켜보던 교수님이 다가왔어요.

"조지는 그림도 잘 그리지만, 식물에 대해서도 잘 알고 정원 가꾸는 솜씨도 뛰어나요. 우리 아버지가 아이오와 농과대학 교수님이신데, 조지 이야기를 했더니 농업 분야에서 공부하면 성공할 거라고 하셨어요. 혹시 농과대학으로 옮길 마음은 없나요?"

조지는 식물학, 지질학, 화학 등 어릴 적부터 좋아하던 분야를 공부하게 되면서 성경 말씀이 자연과학의 이론과 일치한다는 것을 발견하게 되었어요. 조지는 학교에서 성경공부 모임을 이끌면서 자신이 발견한 창조원리를 전했어요.

1894년 조지는 모든 과목에서 A학점을 받고 수석으로 졸업했어요. 교수님들의 추천으로 흑인 최초로 대학원에 진학도 했어요. 더 감사한 것은 세균학과 교수를 돕는 조교가 된 일이에요. 왜냐하면 조교가 되면 공부만 해도 돈을 벌 수 있는 좋은 직업이기 때문이죠. 조지는 세균학 연구에 집중하여 농작물들이 병충해를 이겨낼 수 있는 접목법을 개발했어요. 그 일로 조지는 농학자로 유명해지기 시작했어요.

대학원을 졸업할 즈음에는 이미 두세 개 대학에서 교수로 일해 달라는 제의가 들어왔어요. 이제 조지는 어느 곳이 더 좋을까 선택할 일만 남았어요.

모든 것을 다스린 하나님의 사람

그 당시 남부지역의 많은 흑인은 농사를 짓고 살았어요. 그러나 농사법을 제대로 배우지 못해 계속 실패했어요. 조지는 가난을 면치 못하는 흑인에게 가르치며 살 길을 열어주어야 한다고 생각했어요.

그래서 조지에겐 앞날이 보장된 좋은 자리가 많이 있었지만, 아주 작고 가난한 흑인대학에 갔답니다.

"하나님, 황폐한 이 땅을 살리려면 무슨 작물을 심어야 할까요?"

조지는 새벽마다 하나님께 기도하면서 열심히 연구했어요. 그 결과 땅콩이 땅을 기름지게 한다는 것을 알게 되었어요. 조지는 흑인 농부에게 땅콩을 심으라고 말했어요. 조지의 말을 듣고 땅콩을 심은 농부들은 큰 수확을 얻게 되었어요.

하지만 다른 문제가 찾아왔어요. 그것은 많은 땅콩을 내다 팔 시장이 없다는 거예요. 그 당시 땅콩은 야구경기를 보면서 먹는 간식거리에 불과했지요.

"농사가 잘 되면 뭐합니까? 땅콩을 팔 방법이 없잖아요."

좋아라 했던 농부들도 서서히 불평을 쏟아놓기 시작했어요.

조지는 다시 기도했어요.

"하나님, 지혜를 주십시오. 이 땅콩을 창조하신 이유가 더 있지 않습니까?"

조지는 하나님이 지으신 모든 것마다 적절한 쓰임새가 있음을 확신하며 기도했어요. 실험실에 들어가 연구를 거듭하던 조지는 놀라운 발견을 하게 되었어요. 땅콩의 성분을 분석해보니 당분, 전분, 기름, 고무성분이 들어있었어요. 그것을 좀 더 분해하여 분석해보니 탄수화물, 단백질, 아미노산, 섬유질, 나트륨, 칼륨, 철 등 유용한 물질들이 많음을 알게 되었어요.

조지는 그 물질의 특성을 파악하여 다른 물질과 결합하는 실험을 해나갔어요. 그 결과 잉크, 물감, 구두약, 접착제, 화장품,

비누 등 품질 좋은 공산품을 개발해냈어요. 조지는 공장을 운영하는 기업가들을 불러서 땅콩으로 만든 물건들을 보여주었어요.

"네? 이게 모두 땅콩으로 만든 물건들이라고요?"

사업가들은 모두 감탄하며 땅콩으로 유용한 공산품을 만들기로 약속했어요. 땅콩을 창고에 가득 쌓아놓았던 농부들의 근심은 곧 사라졌어요.

"자! 여러분, 물건을 만들려면 더 많은 땅콩이 필요합니다. 내년에는 더 많이 심으세요."

"세상에 이럴 수가! 하나님 감사합니다! 조지 박사님 정말 감사합니다!"

하지만 조지는 거기서 그치지 않았어요. 먹고 살기 힘든 사람들을 위해 땅콩을 이용한 먹거리를 개발해냈어요.

여러분이 좋아하는 식빵에 발라먹는 땅콩버터를 처음 만든 사람이 바로 조지 박사랍니다. 땅콩쿠키, 땅콩카라멜, 땅콩아이스크림 등 수백 가지의 땅콩 요리법을 만들었어요. 이때부터 조지에게 별명이 생겼어요.

그 이름 하여 땅콩박사!

조지는 하나님이 지으신 땅콩을 통해 땅을 기름지게 하고, 가난한 농부들을 부자로 만들고, 사람들의 식탁을 풍성케 했어요. 땅콩에 이처럼 유용한 효능이 있음을 이전에는 그 누구도 몰랐어요.

창조주 하나님의 능력을 믿고 연구한 조지가 찾아낸 결과죠. 흑인 조지는 정말 성경 말씀대로 땅을 정복하고 다스림으로 모두를 살리는 과학자가 되었어요.

함께 생각해 봐요

하나님이 땅콩을 만드신 놀라운 계획이 있듯이, 우리를 하나님 형상 가진 사람으로 만드신 데는 분명한 이유가 있어요. 여러분, 오늘 그 이유를 발견하기 위해 기도하세요.

조지 박사는 사람들이 흑인 노예라고 무시할 때

공부하고 싶어도 학교에서 받아주지 않을 때, 더 배우고 싶어도 돈이 없어서 다닐 수 없을 때, 아무도 알아주지 않는 것 같을 때, 그 때마다 왜 하나님이 자신을 만드셨는지, 내가 누구인지를 늘 성경을 통해 확인하고 기도하며 다시 시작했어요.

이 두 가지를 모르고 있다면

사실 여러분은 아무 의미 없이 막 살고 있는 것입니다. 아무리 열심히 공부하고 큰 꿈이 있다고 해도 이 두 가지에 대한 답을 모르고 산다면 내 앞에 밀려올 낙심과 좌절의 파도로 말미암아 부서지고 말 것입니다.

이제부터 답을 찾으십시오. 땅콩 박사 조지가 어릴 적부터 성경에서 답을 찾은 것처럼 말이죠.

우리는 예수님의 십자가와 부활로 말미암아

새생명을 얻은 하나님의 자녀입니다. 우리는 예수 그리스도를 누리고 증거하는 전도자의 삶을 위해 지음 받았습니다.

이제 우리는 예배를 통해 예수님을 자꾸 알아가야 합니다. 그리고 내가 하는 공부를 통해, 내가 하는 일을 통해 예수님을 드러내며 살면 됩니다.

이런 마음을 가졌던 조지는 그가 하는 모든 일에 큰 축복을 받았습니다. 이런 인도와 축복을 누리는 어린이가 되시길 예수 이름으로 축복합니다!

Story plus
이야기 ⊕ 플러스 no. 1
내게 남은 2가지 기억

세기적 과학자 뉴턴[Isaac Newton 1642~1727]은 안타깝게도 말년에 기억상실증에 걸렸습니다.

뉴턴의 제자도 이 소식을 듣고 매우 슬펐습니다.
쯧 쯧
그렇게 유명한 위인도 나이가 들면 한 순간에 기억을 다 잃어 버리는구나!
참으로 안타까운 일이다!

스승님!!
사실일까?
진짜
아무 것도
기억 못하시는
걸까?

그래! 직접
찾아가서
여쭤보자!

덜컥
스승님!!
헉헉
헉헉

정말 아무 것도
기억 못하시는 겁니까?
그렇다면 스승님 머릿속에
남아 있는 것은
도대체 무엇입니까?
헉헉
헉헉

첫째는 내가 죄인이라는 것이고,

둘째는 예수님이 나의 구세주라는 것이네!

우와

그렇군요!

〈끝〉

'What is' 시리즈
전 8권 완간!

1. 토마스 - 선교가 뭐예요?
2. 조지 카버 - 성경이 뭐예요?
3. 조지 뮬러 - 기도가 뭐예요?
4. C.S. 루이스 - 믿음이 뭐예요?
5. 리빙스턴 - 헌금이 뭐예요?
6. D.L. 무디 - 전도가 뭐예요?
7. 화니 크로스비 - 찬송이 뭐예요?
8. 에릭 리들 - 예배가 뭐예요?

위대한 신앙의 사람들을 통해 배우는
선교, 성경, 기도, 믿음,
헌금, 전도, 찬송, 예배 시리즈!

자녀들이 꼭 알아야 할 신앙의 기본 상식들을
알기 쉬운 만화로 재미있게 풀었습니다.

What is